Aprendizaje Profundo

La Breve Historia de los Algoritmos de Aprendizaje Automático, Redes Neuronales, Inteligencia Artificial y Procesamiento del Lenguaje Natural y Más

Descargo de responsabilidad

Copyright 2023 by Dan Chavez - *Todos los derechos reservados*

1

Introducción

El aprendizaje profundo forma parte de una familia más amplia de métodos de aprendizaje automático basados en redes neuronales artificiales con aprendizaje de representación. El aprendizaje puede ser supervisado, semisupervisado o no supervisado.

Las arquitecturas de aprendizaje profundo, como las redes neuronales profundas, las redes de creencias profundas, el aprendizaje profundo por refuerzo, las redes neuronales recurrentes, las redes neuronales convolucionales y los transformadores, se han aplicado a campos como la visión por ordenador, el reconocimiento del habla, el procesamiento del lenguaje natural, la traducción automática, la bioinformática, el diseño de fármacos, el análisis de imágenes médicas, la climatología, la inspección de materiales y los programas de juegos de mesa, donde han producido resultados comparables y, en algunos casos, superiores al rendimiento de los expertos humanos.

Las redes neuronales artificiales (RNA) se inspiraron en los nodos de procesamiento de información y

2

comunicación distribuida de los sistemas biológicos. Las RNA presentan varias diferencias con respecto a los cerebros biológicos. En concreto, las redes neuronales artificiales tienden a ser estáticas y simbólicas, mientras que el cerebro biológico de la mayoría de los organismos vivos es dinámico (plástico) y analógico.

El adjetivo "profundo" en el aprendizaje profundo se refiere al uso de múltiples capas en la red. Los primeros trabajos demostraron que un perceptrón lineal no puede ser un clasificador universal, pero sí una red con una función de activación no polinómica con una capa oculta de anchura ilimitada. El aprendizaje profundo es una variante moderna que se ocupa de un número ilimitado de capas de tamaño acotado, lo que permite una aplicación práctica y una implementación optimizada, al tiempo que conserva la universalidad teórica en condiciones suaves. En el aprendizaje profundo también se permite que las capas sean heterogéneas y que se desvíen ampliamente de los modelos conexionistas biológicamente informados, en aras de la eficiencia, la capacidad de entrenamiento y la comprensibilidad.

Definición

3

El aprendizaje profundo es una clase de algoritmos de aprendizaje automático que[199–200] utiliza múltiples capas para extraer progresivamente características de nivel superior a partir de la entrada bruta. Por ejemplo, en el procesamiento de imágenes, las capas inferiores pueden identificar bordes, mientras que las capas superiores pueden identificar los conceptos relevantes para un ser humano, como dígitos, letras o caras.

Visión general del aprendizaje profundo

La mayoría de los modelos modernos de aprendizaje profundo se basan en redes neuronales artificiales, concretamente en redes neuronales convolucionales (CNN), aunque también pueden incluir fórmulas proposicionales o variables latentes organizadas por capas en modelos generativos profundos, como los nodos de las redes de creencias profundas y las máquinas de Boltzmann profundas.

En el aprendizaje profundo, cada nivel aprende a transformar sus datos de entrada en una representación ligeramente más abstracta y compuesta. En una aplicación de reconocimiento de imágenes, la entrada bruta puede ser una matriz de píxeles; la primera capa de representación puede abstraer los píxeles y codificar los bordes; la segunda capa puede componer y codificar las disposiciones de los bordes; la tercera capa puede codificar una nariz y unos ojos; y la cuarta capa puede reconocer que la imagen contiene una cara. Es importante destacar que un proceso de aprendizaje profundo puede aprender por *sí* solo qué características colocar de forma óptima en cada nivel. Esto no elimina la necesidad de un ajuste manual; por ejemplo, variar el número de capas y el tamaño de las capas puede proporcionar diferentes grados de abstracción.

La palabra "profundo" en "aprendizaje profundo" se refiere al número de capas a través de las cuales se transforman los datos. Más concretamente, los sistemas de aprendizaje profundo tienen una gran profundidad de *ruta de asignación de créditos (CAP)*. La CAP es la cadena de transformaciones de la entrada a la salida. Las CAP describen conexiones potencialmente causales entre la entrada y la salida. Para una red neuronal feedforward, la profundidad de los CAPs es la de la red y es el número de capas ocultas más uno (ya que la capa de salida también está parametrizada). Para las redes neuronales

5

recurrentes, en las que una señal puede propagarse a través de una capa más de una vez, la profundidad de los CAP es potencialmente ilimitada. No existe un umbral de profundidad universalmente acordado que separe el aprendizaje superficial del profundo, pero la mayoría de los investigadores coinciden en que el aprendizaje profundo implica una profundidad CAP superior a 2. Se ha demostrado que el CAP de profundidad 2 es un aproximador universal en el sentido de que puede emular cualquier función. Más allá de eso, más capas no aumentan la capacidad de aproximación de funciones de la red. Los modelos profundos (CAP > 2) son capaces de extraer mejores características que los modelos superficiales y, por tanto, las capas adicionales ayudan a aprender las características de forma eficaz.

Las arquitecturas de aprendizaje profundo pueden construirse con un método codicioso capa por capa. El aprendizaje profundo ayuda a desentrañar estas abstracciones y a seleccionar las características que mejoran el rendimiento.

Para las tareas de aprendizaje supervisado, los métodos de aprendizaje profundo eliminan la ingeniería de características, traduciendo los datos a representaciones intermedias compactas similares a los componentes principales, y derivan estructuras en capas que eliminan la redundancia en la representación.

Los algoritmos de aprendizaje profundo pueden aplicarse a tareas de aprendizaje no supervisado. Se trata de una ventaja importante porque los datos no etiquetados son más abundantes que los etiquetados. Ejemplos de estructuras profundas que pueden entrenarse de forma no supervisada son las redes de creencias profundas.

Interpretaciones del aprendizaje profundo

Las redes neuronales profundas suelen interpretarse en términos del teorema de aproximación universal o de inferencia probabilística.

El teorema clásico de la aproximación universal se refiere a la capacidad de las redes neuronales feedforward con una sola capa oculta de tamaño finito para aproximar funciones continuas. En 1989, George Cybenko publicó la primera demostración para funciones de activación sigmoideas, que Kurt Hornik generalizó a arquitecturas multicapa de avance en 1991. Trabajos recientes han demostrado que la aproximación universal también es válida para funciones de activación no limitadas, como la unidad lineal rectificada.

El teorema de aproximación universal para redes neuronales profundas se refiere a la capacidad de las redes con anchura acotada pero cuya profundidad puede crecer. Lu et al. demostraron que si la anchura de una red neuronal profunda con activación ReLU es estrictamente mayor que la dimensión de entrada, entonces la red puede aproximar cualquier función integrable de Lebesgue; si la anchura es menor o igual que la dimensión de entrada, entonces una red neuronal profunda no es un aproximador universal.

La interpretación probabilística procede del campo del aprendizaje automático. Presenta la inferencia, así como los conceptos de optimización de entrenamiento y prueba, relacionados con el ajuste y la generalización, respectivamente. Más concretamente, la interpretación probabilística considera la no linealidad de la activación como una función de distribución acumulativa. La interpretación probabilística condujo a la introducción del dropout como regularizador en las redes neuronales. La interpretación probabilística fue introducida por investigadores como Hopfield, Widrow y Narendra y popularizada en estudios como el de Bishop

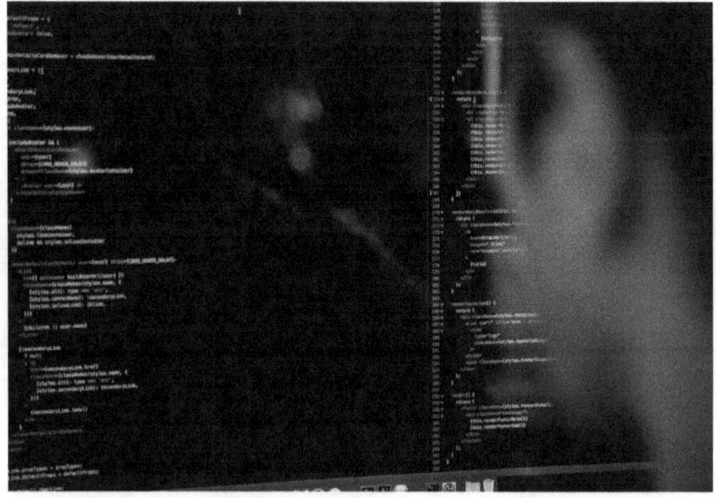

9

Índice

11

Historia del aprendizaje profundo

Algunas fuentes señalan que Frank Rosenblatt desarrolló y exploró todos los ingredientes básicos de los sistemas de aprendizaje profundo actuales. Lo describió en su libro "Principles of Neurodynamics: Perceptrons and the Theory of Brain Mechanisms", publicado por Cornell Aeronautical Laboratory, Inc. de la Universidad de Cornell en 1962.

Alexey Ivakhnenko y Lapa publicaron en 1967 el primer algoritmo de aprendizaje general que funcionaba para perceptrones multicapa supervisados, profundos y alimentados. En un artículo de 1971 se describía una red profunda con ocho capas entrenada mediante el método grupal de tratamiento de datos. Otras arquitecturas de trabajo de aprendizaje profundo, en concreto las construidas para visión por ordenador, comenzaron con el Neocognitrón presentado por Kunihiko Fukushima en 1980.

El término *aprendizaje profundo* fue introducido en la comunidad del aprendizaje automático por Rina Dechter en 1986, y en las redes neuronales artificiales por Igor

Aizenberg y sus colegas en 2000, en el contexto de las neuronas de umbral booleano.

En 1989, Yann LeCun et al. aplicaron el algoritmo estándar de retropropagación, que existía como modo inverso de diferenciación automática desde 1970, a una red neuronal profunda con el fin de reconocer códigos postales escritos a mano en el correo. Aunque el algoritmo funcionó, el entrenamiento requirió 3 días.

Independientemente, en 1988, Wei Zhang et al. aplicaron el algoritmo de retropropagación a una red neuronal convolucional (un Neocognitrón simplificado manteniendo sólo las interconexiones convolucionales entre las capas de características de la imagen y la última capa totalmente conectada) para el reconocimiento de alfabetos y también propusieron una implementación de la CNN con un sistema de computación óptica. Posteriormente, Wei Zhang, et al. modificaron el modelo eliminando la última capa totalmente conectada y lo aplicaron a la segmentación de objetos de imágenes médicas en 1991 y a la detección de cáncer de mama en mamografías en 1994.

15

En 1994, André de Carvalho, junto con Mike Fairhurst y David Bisset, publicó los resultados experimentales de una red neuronal booleana multicapa, también conocida como red neuronal ingrávida, compuesta por un módulo de red neuronal de extracción de características autoorganizada de 3 capas (SOFT) seguido de un módulo de red neuronal de clasificación multicapa (GSN), que se entrenaban de forma independiente. Cada capa del módulo de extracción de características extraía características con complejidad creciente respecto a la capa anterior.

En 1995, Brendan Frey demostró que era posible entrenar (durante dos días) una red que contuviera seis capas totalmente conectadas y varios cientos de unidades ocultas utilizando el algoritmo wake-sleep, codesarrollado con Peter Dayan y Hinton. Muchos factores contribuyen a la lentitud, entre ellos el problema del gradiente evanescente analizado en 1991 por Sepp Hochreiter.

Desde 1997, Sven Behnke amplió el enfoque convolucional jerárquico feed-forward de la Pirámide de Abstracción Neuronal mediante conexiones laterales y hacia atrás para incorporar de forma flexible el contexto a las decisiones y resolver iterativamente las ambigüedades locales.

En las décadas de 1990 y 2000, se optó por modelos más sencillos que utilizan características específicas de cada tarea, como los filtros de Gabor y las máquinas de vectores de soporte (SVM), debido al coste computacional de las redes neuronales artificiales (RNA) y a la falta de conocimientos sobre el cableado de las redes biológicas del cerebro.

Durante muchos años se ha explorado tanto el aprendizaje superficial como el profundo (por ejemplo, redes recurrentes) de las RNA. Estos métodos nunca han superado a la tecnología de modelo de mezcla gaussiana/modelo de Markov oculto (GMM-HMM) de creación interna no uniforme basada en modelos generativos del habla entrenados de forma discriminativa. Se han analizado las principales dificultades, como la disminución del gradiente y la débil estructura de correlación temporal en los modelos predictivos neuronales. Otras dificultades fueron la falta de datos de entrenamiento y la limitada potencia de cálculo.

17

La mayoría de los investigadores en reconocimiento del habla se alejaron de las redes neuronales para dedicarse al modelado generativo. A finales de los noventa, SRI International fue una excepción. Financiado por la NSA y DARPA, el SRI estudió las redes neuronales profundas para el reconocimiento del habla y de los hablantes. El equipo de reconocimiento de locutores dirigido por Larry Heck obtuvo un éxito significativo con las redes neuronales profundas en el procesamiento del habla en la evaluación de reconocimiento de locutores del Instituto Nacional de Estándares y Tecnología de 1998. A continuación, la red neuronal profunda del SRI se implantó en el verificador de Nuance, lo que supuso la primera gran aplicación industrial del aprendizaje profundo.

El principio de elevar las características "brutas" por encima de la optimización artesanal se exploró por primera vez con éxito en la arquitectura del autoencoder profundo sobre las características "brutas" del espectrograma o del banco de filtros lineales a finales de los 90, mostrando su superioridad sobre las características Mel-Cepstral que contienen etapas de transformación fija a partir de los espectrogramas. Las características "brutas" del habla, las formas de onda, produjeron posteriormente excelentes resultados a mayor escala.

Muchos aspectos del reconocimiento del habla fueron asumidos por un método de aprendizaje profundo llamado memoria a largo plazo (LSTM), una red neuronal recurrente publicada por Hochreiter y Schmidhuber en 1997. Las RNN LSTM evitan el problema del gradiente evanescente y pueden aprender tareas de "aprendizaje muy profundo" que requieren recuerdos de eventos que ocurrieron miles de pasos temporales discretos antes, lo cual es importante para el habla. En 2003, los LSTM empezaron a competir con los reconocedores del habla tradicionales en determinadas tareas. Más tarde se combinó con la clasificación temporal conexionista (CTC) en pilas de RNN LSTM. En 2015, el reconocimiento del habla de Google experimentó un espectacular aumento del rendimiento del 49 % gracias a los LSTM entrenados con CTC, que puso a disposición de Google Voice Search.

En 2006, las publicaciones de Geoff Hinton, Ruslan Salakhutdinov, Osindero y Teh mostraron cómo se podía preentrenar eficazmente una red neuronal feedforward de muchas capas, capa por capa, tratando cada capa a su vez como una máquina de Boltzmann restringida no supervisada, y luego afinándola mediante retropropagación supervisada. Los artículos se referían al *aprendizaje* de *redes de creencias profundas.*

El aprendizaje profundo forma parte de los sistemas más avanzados en diversas disciplinas, en particular la visión por ordenador y el reconocimiento automático del habla (ASR). Los resultados en conjuntos de evaluación utilizados habitualmente, como TIMIT (ASR) y MNIST (clasificación de imágenes), así como en una serie de tareas de reconocimiento del habla de gran vocabulario, han mejorado constantemente. Las redes neuronales convolucionales (CNN) fueron sustituidas para ASR por CTC para LSTM. pero tienen más éxito en visión por ordenador.

El impacto del aprendizaje profundo en la industria comenzó a principios de la década de 2000, cuando se calcula que las CNN ya procesaban entre el 10% y el 20% de todos los cheques emitidos en Estados Unidos, según Yann LeCun. Las aplicaciones industriales del aprendizaje profundo al reconocimiento del habla a gran escala comenzaron en torno a 2010.

20

El Taller NIPS 2009 sobre Aprendizaje Profundo para el Reconocimiento del Habla estuvo motivado por las limitaciones de los modelos generativos profundos del habla, y la posibilidad de que, con un hardware más capaz y conjuntos de datos a gran escala, las redes neuronales profundas (DNN) podrían llegar a ser prácticas. Se creía que el preentrenamiento de las DNN utilizando modelos generativos de redes de creencias profundas (DBN) superaría las principales dificultades de las redes neuronales. Sin embargo, se descubrió que sustituir el preentrenamiento por grandes cantidades de datos de entrenamiento para la retropropagación directa cuando se utilizaban DNN con capas de salida grandes y dependientes del contexto producía tasas de error drásticamente inferiores a las del modelo de mezcla gaussiano (GMM)/modelo de Markov oculto (HMM) de entonces y también a las de sistemas basados en modelos generativos más avanzados. La naturaleza de los errores de reconocimiento producidos por los dos tipos de sistemas era característicamente diferente, lo que ofrecía información técnica sobre cómo integrar el aprendizaje profundo en el sistema de descodificación del habla en tiempo de ejecución, altamente eficiente, que utilizan los principales sistemas de reconocimiento del habla. El

21

análisis realizado entre 2009 y 2010, en el que se contrastaron los modelos GMM (y otros modelos generativos del habla) frente a los modelos DNN, estimuló las primeras inversiones industriales en aprendizaje profundo para el reconocimiento del habla, lo que finalmente condujo a un uso generalizado y dominante en ese sector. Ese análisis se realizó con un rendimiento comparable (menos del 1,5 % en tasa de error) entre las DNN discriminativas y los modelos generativos.

En 2010, los investigadores extendieron el aprendizaje profundo de TIMIT al reconocimiento del habla de gran vocabulario, adoptando grandes capas de salida de la DNN basadas en estados HMM dependientes del contexto construidos por árboles de decisión.

Los avances en hardware han impulsado un renovado interés por el aprendizaje profundo. En 2009, Nvidia participó en lo que se denominó el "big bang" del aprendizaje profundo, "ya que las redes neuronales de aprendizaje profundo se entrenaban con unidades de procesamiento gráfico (GPU) de Nvidia". Ese año, Andrew Ng determinó que las GPU podían multiplicar por 100 la velocidad de los sistemas de aprendizaje profundo. En concreto, las GPU son idóneas para los cálculos de matrices y vectores que intervienen en el aprendizaje automático. Las GPU aceleran los algoritmos de entrenamiento en órdenes de magnitud, reduciendo los tiempos de ejecución de semanas a días. Además, el hardware especializado y las optimizaciones de algoritmos pueden utilizarse para procesar eficientemente los modelos de aprendizaje profundo.

La revolución del aprendizaje profundo

En 2012, un equipo dirigido por George E. Dahl ganó el "Merck Molecular Activity Challenge" utilizando redes neuronales profundas multitarea para predecir la diana biomolecular de un fármaco. En 2014, el grupo de Hochreiter utilizó el aprendizaje profundo para detectar efectos tóxicos y no deseados de sustancias químicas ambientales en nutrientes, productos domésticos y fármacos, y ganó el "Tox21 Data Challenge" de los NIH, la FDA y el NCATS.

Entre 2011 y 2012 se produjeron importantes impactos adicionales en el reconocimiento de imágenes u objetos. Aunque las CNN entrenadas por retropropagación existían desde hacía décadas, y las implementaciones de NN en GPU desde hacía años, incluidas las CNN, se necesitaban implementaciones rápidas de CNN en GPU para progresar en visión por computador. En 2011, este enfoque logró por primera vez un rendimiento sobrehumano en un concurso de reconocimiento de patrones visuales. También en 2011, ganó el concurso de escritura china ICDAR y, en mayo de 2012, el de segmentación de imágenes ISBI. Hasta 2011, las CNN no habían desempeñado un papel importante en las conferencias de visión por computador, pero en junio de 2012, un artículo de Ciresan et al. en la destacada conferencia CVPR mostró cómo las CNN de agrupamiento máximo en GPU pueden mejorar drásticamente muchos registros de referencia de visión. En octubre de 2012, un sistema similar de Krizhevsky et al. ganó el concurso ImageNet a gran escala por un margen significativo sobre los métodos de aprendizaje automático superficial. En noviembre de 2012, el sistema de Ciresan et al. también ganó el concurso ICPR sobre análisis de grandes imágenes médicas para la detección del cáncer, y al año siguiente también el MICCAI Grand Challenge sobre el mismo tema. En 2013 y 2014, la tasa de error en la tarea ImageNet mediante aprendizaje

24

profundo se redujo aún más, siguiendo una tendencia similar en el reconocimiento del habla a gran escala.

La clasificación de imágenes se amplió después a la tarea más difícil de generar descripciones (pies de foto) para las imágenes, a menudo como una combinación de CNN y LSTM.

Algunos investigadores afirman que la victoria de ImageNet en octubre de 2012 supuso el inicio de una "revolución del aprendizaje profundo" que ha transformado la industria de la IA.

En marzo de 2019, Yoshua Bengio, Geoffrey Hinton y Yann LeCun fueron galardonados con el Premio Turing por los avances conceptuales y de ingeniería que han hecho de las redes neuronales profundas un componente crítico de la computación.

Redes neuronales

Una red neuronal es una red o circuito de neuronas biológicas o, en un sentido moderno, una red neuronal artificial, compuesta por neuronas o nodos artificiales. Así, una red neuronal es una red neuronal biológica, formada por neuronas biológicas, o una red neuronal artificial, utilizada para resolver problemas de inteligencia artificial (IA). Las conexiones de la neurona biológica se modelan en las redes neuronales artificiales como pesos entre nodos. Un peso positivo refleja una conexión excitatoria, mientras que los valores negativos significan conexiones inhibitorias. Todas las entradas se modifican por un peso y se suman. Esta actividad se denomina combinación lineal. Por último, una función de activación controla la amplitud de la salida. Por ejemplo, un rango aceptable de salida suele estar entre 0 y 1, o podría ser -1 y 1.

Estas redes artificiales pueden utilizarse para modelos predictivos, control adaptativo y aplicaciones en las que pueden entrenarse mediante un conjunto de datos. El autoaprendizaje resultante de la experiencia puede darse en las redes, que pueden extraer conclusiones a partir de un conjunto de información compleja y aparentemente inconexa.

Redes neuronales

Una red neuronal biológica está compuesta por un grupo de neuronas conectadas químicamente o asociadas funcionalmente. Una sola neurona puede estar conectada a muchas otras neuronas y el número total de neuronas y conexiones de una red puede ser extenso. Las conexiones, denominadas sinapsis, suelen formarse de axones a dendritas, aunque son posibles las sinapsis dendrodendríticas y otras conexiones. Aparte de la señalización eléctrica, existen otras formas de señalización que surgen de la difusión de neurotransmisores.

La inteligencia artificial, la modelización cognitiva y las redes neuronales son paradigmas de tratamiento de la información inspirados en la forma en que los sistemas neuronales biológicos procesan los datos. La inteligencia artificial y la modelización cognitiva tratan de simular algunas propiedades de las redes neuronales biológicas. En el campo de la inteligencia artificial, las redes neuronales artificiales se han aplicado con éxito al reconocimiento del habla, el análisis de imágenes y el control adaptativo, para construir agentes de software (en juegos de ordenador y videojuegos) o robots autónomos.

Históricamente, los ordenadores digitales evolucionaron a partir del modelo de von Neumann y funcionan mediante la ejecución de instrucciones explícitas a través del acceso a la memoria por parte de varios procesadores. Por otro lado, los orígenes de las redes neuronales se basan en los esfuerzos por modelar el procesamiento de la información en los sistemas biológicos. A diferencia del modelo von Neumann, la informática de redes neuronales no separa memoria y procesamiento.

La teoría de las redes neuronales ha servido para identificar mejor cómo funcionan las neuronas del cerebro y sentar las bases de los esfuerzos por crear inteligencia artificial.

Redes neuronales Historia

La base teórica preliminar de las redes neuronales contemporáneas fue propuesta de forma independiente por Alexander Bain (1873) y William James (1890). En su
28

trabajo, tanto los pensamientos como la actividad corporal eran el resultado de interacciones entre neuronas dentro del cerebro.

Para Bain, cada actividad provocaba el disparo de un determinado conjunto de neuronas. Cuando las actividades se repetían, las conexiones entre esas neuronas se reforzaban. Según su teoría, esta repetición era lo que conducía a la formación de la memoria. La comunidad científica de la época se mostró escéptica ante la teoría de Bain porque requería un número desmesurado de conexiones neuronales en el cerebro. Ahora es evidente que el cerebro es extremadamente complejo y que el mismo "cableado" cerebral puede manejar múltiples problemas y entradas.

La teoría de James era similar a la de Bain, pero sugería que los recuerdos y las acciones eran el resultado de corrientes eléctricas que fluían entre las neuronas del cerebro. Su modelo, al centrarse en el flujo de corrientes eléctricas, no requería conexiones neuronales individuales para cada recuerdo o acción.

29

C. S. Sherrington (1898) realizó experimentos para probar la teoría de James. Hizo pasar corrientes eléctricas por la médula espinal de ratas. Sin embargo, en lugar de demostrar un aumento de la corriente eléctrica como preveía James, Sherrington descubrió que la intensidad de la corriente eléctrica disminuía a medida que la prueba se prolongaba en el tiempo. Este trabajo condujo al descubrimiento del concepto de habituación.

McCulloch y Pitts (1943) crearon un modelo computacional para redes neuronales basado en matemáticas y algoritmos. Llamaron a este modelo umbral lógico. El modelo allanó el camino para que la investigación sobre redes neuronales se dividiera en dos enfoques distintos. Un enfoque se centraba en los procesos biológicos del cerebro y el otro en la aplicación de las redes neuronales a la inteligencia artificial.

A finales de los años 40, el psicólogo Donald Hebb creó una hipótesis de aprendizaje basada en el mecanismo de plasticidad neuronal que hoy se conoce como aprendizaje hebbiano. El aprendizaje hebbiano se considera una regla "típica" de aprendizaje no supervisado y sus variantes posteriores fueron los primeros modelos de potenciación a largo plazo. Estas ideas empezaron a aplicarse a modelos computacionales en 1948 con las máquinas de tipo B de Turing.

Farley y Clark (1954) utilizaron por primera vez máquinas computacionales, entonces llamadas calculadoras, para simular una red Hebbiana en el MIT. Otras máquinas computacionales de redes neuronales fueron creadas por Rochester, Holland, Habit y Duda (1956).

Rosenblatt (1958) creó el perceptrón, un algoritmo para el reconocimiento de patrones basado en una red informática de aprendizaje de dos capas que utiliza sumas y restas simples. Con notación matemática, Rosenblatt también describió circuitos que no estaban en el perceptrón básico, como el circuito exclusivo-o, un circuito cuyo cálculo matemático no pudo procesarse hasta después de que Werbos (1975) creara el algoritmo de retropropagación.

La investigación sobre redes neuronales se estancó tras la publicación de las investigaciones sobre aprendizaje automático de Marvin Minsky y Seymour Papert (1969). Descubrieron dos problemas clave con las máquinas computacionales que procesaban las redes neuronales. El

31

primer problema era que las redes neuronales de una sola capa eran incapaces de procesar el circuito exclusivo-o. El segundo problema importante era que los ordenadores no eran lo suficientemente sofisticados como para manejar con eficacia el largo tiempo de ejecución que requerían las grandes redes neuronales. La investigación en redes neuronales se ralentizó hasta que los ordenadores alcanzaron una mayor potencia de procesamiento. También fue clave en los avances posteriores el algoritmo de retropropagación, que resolvió eficazmente el problema de la o exclusiva (Werbos 1975).

A finales de los años setenta y principios de los ochenta, surgió brevemente el interés por investigar teóricamente el modelo de Ising en relación con las topologías de los árboles de Cayley y las grandes redes neuronales. En 1981, el modelo de Ising se resolvió exactamente para el caso general de los árboles de Cayley cerrados (con bucles) con una relación de ramificación arbitraria y se descubrió que mostraba un comportamiento de transición de fase inusual en sus correlaciones sitio-sitio locales-ápice y de largo alcance.

El procesamiento distribuido paralelo de mediados de los ochenta se popularizó con el nombre de conexionismo. El texto de Rumelhart y McClelland (1986) ofrecía una exposición completa sobre el uso del conexionismo en ordenadores para simular procesos neuronales.

Las redes neuronales, tal y como se utilizan en inteligencia artificial, se han considerado tradicionalmente modelos simplificados del procesamiento neuronal en el cerebro, aunque la relación entre este modelo y la arquitectura biológica cerebral es objeto de debate, ya que no está claro hasta qué punto las redes neuronales artificiales reflejan la función cerebral.

Inteligencia artificial

Una *red neuronal (RNA)*, en el caso de las neuronas artificiales denominada *red neuronal artificial* (RNA) o *red neuronal simulada* (RNS), es un grupo interconectado de neuronas naturales o artificiales que utiliza un modelo matemático o computacional para el procesamiento de la información basado en un enfoque conexionista de la computación. En la mayoría de los casos, una RNA es un sistema adaptativo que cambia su estructura en función de la información externa o interna que fluye a través de la red.

En términos más prácticos, las redes neuronales son herramientas estadísticas no lineales de modelado de datos o toma de decisiones. Pueden utilizarse para modelar relaciones complejas entre entradas y salidas o para encontrar patrones en los datos.

Una red neuronal artificial consiste en una red de elementos de procesamiento simples (neuronas artificiales) que pueden mostrar un comportamiento global complejo, determinado por las conexiones entre los elementos de procesamiento y los parámetros de los elementos. Las neuronas artificiales fueron propuestas por primera vez en 1943 por Warren McCulloch, neurofisiólogo, y Walter Pitts, lógico, que colaboraron por primera vez en la Universidad de Chicago.

Un tipo clásico de red neuronal artificial es la red Hopfield recurrente.

El concepto de red neuronal parece haber sido propuesto por primera vez por Alan Turing en su artículo de 1948 *Intelligent Machinery, en el* que las denominaba "máquinas no organizadas de tipo B".

La utilidad de los modelos de redes neuronales artificiales reside en que pueden utilizarse para inferir una función a partir de observaciones y también para utilizarla. Las redes neuronales no supervisadas también pueden utilizarse para aprender representaciones de la entrada que capturen las características destacadas de la distribución de entrada, por ejemplo, véase la máquina de Boltzmann (1983) y, más recientemente, los algoritmos de aprendizaje profundo, que pueden aprender implícitamente la función de distribución de los datos observados. El aprendizaje en redes neuronales es especialmente útil en aplicaciones en las que la complejidad de los datos o de la tarea hace poco práctico el diseño manual de dichas funciones.

Aplicaciones

Las redes neuronales pueden utilizarse en distintos campos. Las tareas a las que se aplican las redes neuronales artificiales suelen englobarse en las siguientes grandes categorías:

- Aproximación de funciones o análisis de regresión, incluida la predicción y modelización de series temporales.
- Clasificación, incluido el reconocimiento de patrones y secuencias, la detección de novedades y la toma de decisiones secuenciales.
- Tratamiento de datos, incluido el filtrado, la agrupación, la separación ciega de señales y la compresión.

Los campos de aplicación de las RNA incluyen la identificación y el control de sistemas no lineales (control de vehículos, control de procesos), el juego y la toma de decisiones (backgammon, ajedrez, carreras), el reconocimiento de patrones (sistemas de radar, identificación de caras, reconocimiento de objetos), el reconocimiento de secuencias (reconocimiento de gestos, voz, texto manuscrito), el diagnóstico médico, las aplicaciones financieras, la minería de datos (o descubrimiento de conocimientos en bases de datos, "KDD"), la visualización y el filtrado de spam por correo electrónico. Por ejemplo, es posible crear un perfil semántico de los intereses del usuario a partir de imágenes entrenadas para el reconocimiento de objetos.

Neurociencia

La neurociencia teórica y computacional es el campo que se ocupa del análisis y el modelado computacional de los sistemas neuronales biológicos. Dado que los sistemas neuronales están íntimamente relacionados con los procesos cognitivos y el comportamiento, este campo está estrechamente relacionado con el modelado cognitivo y conductual.

El objetivo de este campo es crear modelos de sistemas neuronales biológicos para comprender cómo funcionan los sistemas biológicos. Para ello, los neurocientíficos

37

tratan de establecer un vínculo entre los procesos biológicos observados (datos), los mecanismos biológicamente plausibles de procesamiento y aprendizaje neuronal (modelos de redes neuronales biológicas) y la teoría (teoría estadística del aprendizaje y teoría de la información).

Tipos de modelos

Se utilizan muchos modelos, definidos a distintos niveles de abstracción y que modelan diferentes aspectos de los sistemas neuronales. Van desde modelos del comportamiento a corto plazo de neuronas individuales, pasando por modelos de la dinámica de los circuitos neuronales derivados de las interacciones entre neuronas individuales, hasta modelos del comportamiento derivado de módulos neuronales abstractos que representan subsistemas completos. Incluyen modelos de la plasticidad a corto y largo plazo de los sistemas neuronales y su relación con el aprendizaje y la memoria, desde la neurona individual hasta el nivel de sistema.

Conectividad

En agosto de 2020, unos científicos informaron de que las conexiones bidireccionales, o conexiones de retroalimentación adecuadas añadidas, pueden acelerar y mejorar la comunicación entre y en las redes neuronales modulares de la corteza cerebral del cerebro y reducir el umbral para su comunicación satisfactoria. Demostraron que la adición de conexiones de retroalimentación entre un par de resonancias puede apoyar la propagación exitosa de un solo paquete de impulsos a través de toda la red.

Crítica

Históricamente, una crítica habitual a las redes neuronales, sobre todo en robótica, era que requieren una gran diversidad de muestras de entrenamiento para funcionar en el mundo real. Esto no es sorprendente, ya que cualquier máquina de aprendizaje necesita suficientes ejemplos representativos para captar la estructura subyacente que le permite generalizar a nuevos casos. Dean Pomerleau, en su investigación presentada en el artículo "Knowledge-based Training of Artificial Neural Networks for Autonomous Robot Driving" (Entrenamiento basado en el conocimiento de redes neuronales artificiales para la conducción autónoma de robots), utiliza una red neuronal para entrenar a un vehículo robótico a conducir por múltiples tipos de carreteras (de un solo carril, de varios carriles, de tierra, etc.). Gran parte de su investigación se dedica a (1) extrapolar múltiples escenarios de entrenamiento a partir de una única experiencia de entrenamiento, y (2) preservar la diversidad de entrenamientos anteriores para que el sistema no se sobreentrene (si, por ejemplo, se le presentan una serie de giros a la derecha, no debería aprender a girar siempre a la derecha). Estos problemas son habituales en las redes neuronales que deben decidir entre una amplia variedad de respuestas, pero pueden resolverse de varias maneras, por ejemplo, barajando aleatoriamente los ejemplos de entrenamiento, utilizando un algoritmo de optimización numérica que no dé pasos demasiado grandes al cambiar las conexiones de la red tras un ejemplo, o agrupando los ejemplos en los llamados minilotes.

A. K. Dewdney, antiguo columnista *de Scientific American*, escribió en 1997: "Aunque las redes neuronales resuelven algunos problemas de juguete, su capacidad de cálculo es tan limitada que me sorprende que alguien las tome en serio como herramienta general de resolución de problemas."

Los argumentos a favor de la postura de Dewdney son que para implantar redes neuronales de software grandes y eficaces hay que comprometer muchos recursos de procesamiento y almacenamiento. Mientras que el cerebro dispone de un hardware adaptado a la tarea de procesar señales a través de un grafo de neuronas, simular incluso de la forma más simplificada con tecnología Von Neumann puede obligar al diseñador de una red neuronal a rellenar muchos millones de filas de bases de datos para sus conexiones, lo que puede consumir grandes cantidades de memoria informática y capacidad de almacenamiento de datos. Además, el diseñador de sistemas de redes neuronales a menudo tendrá que simular la transmisión de señales a través de muchas de estas conexiones y sus neuronas asociadas, lo que a menudo debe corresponderse con cantidades increíbles de potencia y tiempo de procesamiento de la CPU. Aunque las redes neuronales suelen producir programas *eficaces*, con demasiada frecuencia lo hacen a costa de la *eficiencia* (tienden a consumir cantidades considerables de tiempo y dinero).

41

Los argumentos en contra de la postura de Dewdney son que las redes neuronales se han utilizado con éxito para resolver muchas tareas complejas y diversas, como el vuelo autónomo de aviones.

El escritor especializado en tecnología Roger Bridgman comentó las declaraciones de Dewdney sobre las redes neuronales:

Las redes neuronales, por ejemplo, están en el banquillo de los acusados no sólo porque se han exagerado hasta la saciedad (¿y qué no?), sino también porque se podría crear una red de éxito sin entender cómo funciona: el montón de números que captura su comportamiento sería con toda probabilidad "una tabla opaca e ilegible... sin valor como recurso científico".

A pesar de su rotunda declaración de que la ciencia no es tecnología, Dewdney parece poner aquí en la picota a las redes neuronales por considerarlas mala ciencia, cuando la mayoría de quienes las idean sólo intentan ser buenos ingenieros. Una tabla ilegible que pudiera leer una máquina útil seguiría mereciendo la pena.

Aunque es cierto que analizar lo aprendido por una red neuronal artificial es difícil, es mucho más fácil hacerlo que analizar lo aprendido por una red neuronal biológica. Además, el reciente énfasis en la explicabilidad de la IA ha contribuido al desarrollo de métodos, especialmente los basados en mecanismos de atención, para visualizar y explicar las redes neuronales aprendidas. Además, los investigadores que se dedican a explorar los algoritmos de aprendizaje de las redes neuronales van descubriendo poco a poco los principios genéricos que permiten que una máquina de aprendizaje tenga éxito. Por ejemplo, Bengio y LeCun (2007) escribieron un artículo sobre el aprendizaje local frente al no local, así como sobre la arquitectura superficial frente a la profunda.

Otras críticas proceden de los partidarios de los modelos híbridos (que combinan redes neuronales y enfoques simbólicos). Defienden la mezcla de estos dos enfoques y creen que los modelos híbridos pueden captar mejor los mecanismos de la mente humana (Sun y Bookman, 1990).

Mejoras recientes

43

Aunque en un principio la investigación se había centrado sobre todo en las características eléctricas de las neuronas, en los últimos años ha cobrado especial importancia la exploración del papel de neuromoduladores como la dopamina, la acetilcolina y la serotonina en el comportamiento y el aprendizaje.

Los modelos biofísicos, como la teoría BCM, han sido importantes para comprender los mecanismos de la plasticidad sináptica y han tenido aplicaciones tanto en informática como en neurociencia. Se está investigando la comprensión de los algoritmos informáticos utilizados en el cerebro, con algunas pruebas biológicas recientes de las redes de base radial y la retropropagación neuronal como mecanismos de procesamiento de datos.

Se han creado dispositivos computacionales en CMOS tanto para simulación biofísica como para computación neuromórfica. Los esfuerzos más recientes parecen prometedores para crear nanodispositivos que permitan realizar análisis de componentes principales y convolución a muy gran escala. Si tienen éxito, estos esfuerzos podrían dar paso a una nueva era de la computación neuronal que está un paso más allá de la computación digital, porque depende del aprendizaje más que de la programación y porque es fundamentalmente analógica más que digital, aunque las primeras instancias puedan ser de hecho con dispositivos digitales CMOS.

Entre 2009 y 2012, las redes neuronales recurrentes y las redes neuronales profundas feedforward desarrolladas en el grupo de investigación de Jürgen Schmidhuber en el laboratorio suizo de IA IDSIA han ganado ocho concursos internacionales de reconocimiento de patrones y aprendizaje automático. Por ejemplo, las redes multidimensionales de memoria a corto plazo de larga duración (LSTM) ganaron tres concursos de reconocimiento de escritura manuscrita conectada en la Conferencia Internacional sobre Análisis y Reconocimiento de Documentos (ICDAR) de 2009, sin ningún conocimiento previo de los tres idiomas diferentes que debían aprender.

Las variantes del algoritmo de retropropagación, así como los métodos no supervisados de Geoff Hinton y sus colegas de la Universidad de Toronto, pueden utilizarse para entrenar arquitecturas neuronales profundas y altamente no lineales, similares al Neocognitrón de 1980

45

de Kunihiko Fukushima, y a la "arquitectura estándar de la visión", inspirada en las células simples y complejas identificadas por David H. Hubel y Torsten Wiesel en la corteza visual primaria.

También se han introducido la función de base radial y las redes wavelet. Se puede demostrar que ofrecen las mejores propiedades de aproximación y se han aplicado en aplicaciones de identificación y clasificación de sistemas no lineales.

Las redes feedforward de aprendizaje profundo alternan capas convolucionales y capas de agrupamiento máximo, coronadas por varias capas de clasificación pura. Las rápidas implementaciones de este enfoque basadas en la GPU han ganado varios concursos de reconocimiento de patrones, entre ellos el IJCNN 2011 Traffic Sign Recognition Competition y el ISBI 2012 Segmentation of Neuronal Structures in Electron Microscopy Stacks challenge. Estas redes neuronales también fueron los primeros reconocedores de patrones artificiales en lograr un rendimiento que compite con el de los humanos o incluso sobrehumano en pruebas de referencia como el reconocimiento de señales de tráfico (IJCNN 2012) o el problema de dígitos manuscritos MNIST de Yann LeCun y sus colegas de la Universidad de Nueva York.

Las técnicas analíticas y computacionales derivadas de la física estadística de los sistemas desordenados, pueden extenderse a problemas a gran escala, incluido el aprendizaje automático, por ejemplo, para analizar el espacio de pesos de las redes neuronales profundas.

Hardware

Desde la década de 2010, los avances tanto en algoritmos de aprendizaje automático como en hardware informático han dado lugar a métodos más eficientes para entrenar redes neuronales profundas que contienen muchas capas de unidades ocultas no lineales y una capa de salida muy grande. En 2019, las unidades de procesamiento gráfico (GPU), a menudo con mejoras específicas de IA, habían desplazado a las CPU como método dominante para entrenar IA comercial a gran escala en la nube. OpenAI estimó el cómputo de hardware utilizado en los mayores proyectos de aprendizaje profundo desde AlexNet (2012) hasta AlphaZero (2017), y encontró un aumento de 300.000 veces en la cantidad de computación requerida, con una línea de tendencia de tiempo de duplicación de 3,4 meses.

Para acelerar los algoritmos de aprendizaje profundo se diseñaron circuitos electrónicos especiales denominados procesadores de aprendizaje profundo. Entre los procesadores de aprendizaje profundo se encuentran las unidades de procesamiento neuronal (NPU) de los teléfonos móviles Huawei y los servidores de computación en nube, como las unidades de procesamiento tensorial (TPU) de Google Cloud Platform. Cerebras Systems también ha construido un sistema dedicado para manejar grandes modelos de aprendizaje profundo, el CS-2, basado en el procesador más grande de la industria, el Wafer Scale Engine (WSE-2) de segunda generación.

En 2020, Marega et al. publicaron experimentos con un material de canal activo de gran superficie para desarrollar dispositivos y circuitos de lógica en memoria basados en transistores de efecto de campo de puerta flotante (FGFET).

En 2021, J. Feldmann et al. propusieron un acelerador de hardware fotónico integrado para el procesamiento

48

convolucional paralelo. Los autores identifican dos ventajas clave de la fotónica integrada sobre sus homólogos electrónicos: (1) transferencia de datos masivamente paralela mediante multiplexación por división de longitud de onda en conjunción con peines de frecuencia, y (2) velocidades de modulación de datos extremadamente altas. Su sistema puede ejecutar billones de operaciones de multiplicación-acumulación por segundo, lo que indica el potencial de la fotónica integrada en aplicaciones de IA con gran volumen de datos.

Aprendizaje supervisado

El aprendizaje supervisado (LS) es un paradigma de aprendizaje automático para problemas en los que los datos disponibles consisten en ejemplos etiquetados, lo que significa que cada punto de datos contiene características (covariables) y una etiqueta asociada. El objetivo de los algoritmos de aprendizaje supervisado es aprender una función que asigne vectores de características (entradas) a etiquetas (salida), basándose en pares de ejemplos de entrada-salida. Infiere una función a partir de *datos de entrenamiento etiquetados* que consisten en un conjunto de *ejemplos de entrenamiento*. En el aprendizaje supervisado, cada ejemplo es un *par* formado por un objeto de entrada (normalmente un vector) y un valor de salida deseado (también llamado *señal de supervisión*). Un algoritmo de aprendizaje supervisado analiza los datos de entrenamiento y produce una función inferida, que puede utilizarse para asignar nuevos ejemplos. Un escenario óptimo permitirá al algoritmo determinar correctamente las etiquetas de clase para instancias no vistas. Esto requiere que el algoritmo de aprendizaje generalice a partir de los datos de entrenamiento a situaciones no vistas de una

51

manera "razonable" (véase sesgo inductivo). Esta calidad estadística de un algoritmo se mide a través del denominado error de generalización.

Pasos a seguir

Para resolver un determinado problema de aprendizaje supervisado, hay que seguir los siguientes pasos:

1. Determinar el tipo de ejemplos de entrenamiento. Antes de nada, el usuario debe decidir qué tipo de datos va a utilizar como conjunto de entrenamiento. En el caso del análisis de la escritura, por ejemplo, puede tratarse de un solo carácter manuscrito, una palabra manuscrita entera, una frase manuscrita entera o tal vez un párrafo manuscrito completo.
2. Reúna un conjunto de entrenamiento. El conjunto de entrenamiento debe ser representativo del uso de la función en el mundo real. Por lo tanto, se recopila un conjunto de objetos de entrada y también se recopilan las salidas correspondientes, ya sea de expertos humanos o de mediciones.

3. Determinar la representación de entrada de la función aprendida. La precisión de la función aprendida depende en gran medida de cómo se represente el objeto de entrada. Normalmente, el objeto de entrada se transforma en un vector de características que contiene una serie de características descriptivas del objeto. El número de características no debe ser demasiado grande, debido a la maldición de la dimensionalidad, pero debe contener suficiente información para predecir con precisión la salida.

4. Determinar la estructura de la función aprendida y el algoritmo de aprendizaje correspondiente. Por ejemplo, el ingeniero puede optar por utilizar máquinas de vectores soporte o árboles de decisión.

5. Completa el diseño. Ejecute el algoritmo de aprendizaje en el conjunto de entrenamiento recopilado. Algunos algoritmos de aprendizaje supervisado requieren que el usuario determine ciertos parámetros de control. Estos parámetros pueden ajustarse optimizando el rendimiento en un subconjunto (llamado conjunto de *validación)* del

conjunto de entrenamiento, o mediante validación cruzada.

6. Evalúe la precisión de la función aprendida. Tras el ajuste de los parámetros y el aprendizaje, el rendimiento de la función resultante debe medirse en un conjunto de pruebas independiente del conjunto de entrenamiento.

Elección del algoritmo

Existe una amplia gama de algoritmos de aprendizaje supervisado, cada uno con sus puntos fuertes y débiles. No existe un algoritmo de aprendizaje que funcione mejor en todos los problemas de aprendizaje supervisado (véase el teorema "No hay almuerzo gratis").

En el aprendizaje supervisado hay que tener en cuenta cuatro cuestiones principales:

Complejidad de las funciones y cantidad de datos de entrenamiento

La segunda cuestión es la cantidad de datos de entrenamiento disponibles en relación con la complejidad de la función "verdadera" (clasificador o función de regresión). Si la función verdadera es simple, entonces un algoritmo de aprendizaje "inflexible" con un sesgo alto y una varianza baja podrá aprenderla a partir de una pequeña cantidad de datos. Pero si la función verdadera es muy compleja (por ejemplo, porque implica interacciones complejas entre muchas características de entrada diferentes y se comporta de forma distinta en distintas partes del espacio de entrada), entonces la función sólo podrá aprender con una gran cantidad de datos de entrenamiento emparejados con un algoritmo de aprendizaje "flexible" con bajo sesgo y alta varianza.

Dimensionalidad del espacio de entrada

Un tercer problema es la dimensionalidad del espacio de entrada. Si los vectores de características de entrada tienen grandes dimensiones, el aprendizaje de la función puede resultar difícil aunque la función verdadera sólo dependa de un pequeño número de esas características. Esto se debe a que las muchas dimensiones "extra" pueden confundir al algoritmo de aprendizaje y hacer que tenga una alta varianza. Por lo tanto, los datos de entrada de grandes dimensiones suelen requerir ajustar el clasificador para que tenga una varianza baja y un sesgo alto. En la práctica, si el ingeniero puede eliminar manualmente las características irrelevantes de los datos de entrada, probablemente mejorará la precisión de la función aprendida. Además, hay muchos algoritmos para la selección de características que tratan de identificar las características relevantes y descartar las irrelevantes. Se trata de un ejemplo de la estrategia más general de reducción de la dimensionalidad, que trata de mapear los datos de entrada en un espacio de menor dimensión antes de ejecutar el algoritmo de aprendizaje supervisado.

Ruido en los valores de salida

Una cuarta cuestión es el grado de ruido en los valores de salida deseados (las variables objetivo de supervisión). Si los valores de salida deseados suelen ser incorrectos (debido a errores humanos o de los sensores), el algoritmo de aprendizaje no debe intentar encontrar una función que se ajuste exactamente a los ejemplos de entrenamiento. Intentar ajustarse a los datos con demasiado cuidado conduce al sobreajuste. Puede haber sobreajuste incluso cuando no hay errores de medición (ruido estocástico) si la función que se intenta aprender es demasiado compleja para el modelo de aprendizaje. En tal situación, la parte de la función objetivo que no se puede modelizar "corrompe" los datos de entrenamiento, fenómeno que se ha denominado ruido determinista. Cuando se da cualquiera de estos dos tipos de ruido, es mejor utilizar un estimador con un sesgo más alto y una varianza más baja.

En la práctica, existen varios métodos para mitigar el ruido en los valores de salida, como la detención temprana para evitar el sobreajuste, así como la detección y eliminación de los ejemplos de entrenamiento ruidosos antes de entrenar el algoritmo de aprendizaje supervisado. Existen varios algoritmos que identifican los ejemplos de entrenamiento ruidosos y eliminan los ejemplos de entrenamiento sospechosos de ser ruidosos antes del entrenamiento, lo que ha reducido el error de generalización con significación estadística.

Otros factores a tener en cuenta

Otros factores que hay que tener en cuenta a la hora de elegir y aplicar un algoritmo de aprendizaje son los siguientes:

- Heterogeneidad de los datos. Si los vectores de características incluyen características de muchos tipos diferentes (discretas, discretas ordenadas, recuentos, valores continuos), algunos algoritmos son más fáciles de aplicar que otros. Muchos algoritmos, como las máquinas de vectores soporte, la regresión lineal, la regresión logística, las redes neuronales y los métodos del vecino más próximo, requieren que las características de entrada sean numéricas y se escalen a rangos similares (por ejemplo, al intervalo [-1,1]). Los métodos que emplean una función de distancia, como los métodos del vecino más próximo y las máquinas de vectores de soporte con núcleos gaussianos, son especialmente sensibles a esta situación. Una ventaja de los árboles de decisión es que manejan fácilmente datos heterogéneos.

- Redundancia en los datos. Si las características de entrada contienen información redundante (por ejemplo, características muy correlacionadas), algunos algoritmos de aprendizaje (por ejemplo, la regresión lineal, la regresión logística y los métodos basados en la distancia) funcionarán mal debido a inestabilidades numéricas. Estos problemas suelen resolverse imponiendo algún tipo de regularización.

- Presencia de interacciones y no linealidades. Si cada una de las características contribuye de forma independiente al resultado, los algoritmos basados en funciones lineales (por ejemplo, regresión lineal, regresión logística, máquinas de vectores soporte, Bayes ingenuo) y funciones de distancia (por ejemplo, métodos del vecino más próximo, máquinas de vectores soporte con núcleos gaussianos) suelen funcionar bien. Sin embargo, si hay interacciones complejas entre las características, algoritmos como los árboles de decisión y las redes neuronales funcionan mejor, porque están diseñados específicamente para descubrir estas interacciones. También pueden aplicarse métodos lineales, pero el ingeniero debe especificar manualmente las interacciones cuando los utilice.

Al plantearse una nueva aplicación, el ingeniero puede comparar varios algoritmos de aprendizaje y determinar experimentalmente cuál funciona mejor en el problema en cuestión (véase validación cruzada). Ajustar el rendimiento de un algoritmo de aprendizaje puede llevar mucho tiempo. Con unos recursos fijos, a menudo es mejor dedicar más tiempo a recopilar datos de entrenamiento adicionales y características más informativas que a dedicar tiempo adicional a ajustar los algoritmos de aprendizaje.

Algoritmos

Los algoritmos de aprendizaje más utilizados son:

- Máquinas con vector de apoyo
- Regresión lineal
- Regresión logística
- Bayes ingenuo
- Análisis discriminante lineal
- Árboles de decisión
- Algoritmo del vecino más próximo K
- Redes neuronales (perceptrón multicapa)
- Aprendizaje por similitud

Generalizaciones

Hay varias formas de generalizar el problema estándar del aprendizaje supervisado:

- Aprendizaje semisupervisado: En esta configuración, los valores de salida deseados sólo se proporcionan para un subconjunto de los datos de entrenamiento. El resto de los datos no están etiquetados.

- Supervisión débil: En este escenario, se utilizan fuentes ruidosas, limitadas o imprecisas para proporcionar la señal de supervisión para etiquetar los datos de entrenamiento.

- Aprendizaje activo: En lugar de asumir que todos los ejemplos de entrenamiento se dan al principio, los algoritmos de aprendizaje activo recopilan nuevos ejemplos de forma interactiva, normalmente haciendo consultas a un usuario humano. A menudo, las consultas se basan en datos no etiquetados, lo que constituye un escenario que combina el aprendizaje semisupervisado con el aprendizaje activo.

- Predicción estructurada: Cuando el valor de salida deseado es un objeto complejo, como un árbol de análisis sintáctico o un grafo etiquetado, hay que ampliar los métodos estándar.

- Aprender a clasificar: cuando la entrada es un conjunto de objetos y la salida deseada es una clasificación de esos objetos, de nuevo hay que ampliar los métodos estándar.

Enfoques y algoritmos

- Aprendizaje analítico
- Red neuronal artificial
- Retropropagación
- Boosting (metaalgoritmo)
- Estadística bayesiana
- Razonamiento basado en casos
- Aprendizaje de árboles de decisión
- Programación lógica inductiva
- Regresión de procesos gaussianos
- Programación genética
- Método de tratamiento de datos en grupo
- Estimadores kernel
- Autómatas de aprendizaje
- Sistemas clasificadores de aprendizaje
- Cuantificación vectorial del aprendizaje
- Longitud mínima de los mensajes (árboles de decisión, gráficos de decisión, etc.)
- Aprendizaje del subespacio multilineal
- Clasificador Naive Bayes

- Clasificador de máxima entropía
- Campo aleatorio condicional
- Algoritmo del vecino más próximo
- Aprendizaje aproximadamente correcto (PAC)
- Ripple down rules, una metodología de adquisición de conocimientos
- Algoritmos simbólicos de aprendizaje automático
- Algoritmos subsimbólicos de aprendizaje automático
- Máquinas de vectores soporte
- Máquinas de complejidad mínima (MCM)
- Bosques aleatorios
- Conjuntos de clasificadores
- Clasificación ordinal
- Preprocesamiento de datos
- Tratamiento de conjuntos de datos desequilibrados
- Aprendizaje estadístico relacional
- Proaftn, un algoritmo de clasificación multicriterio

Aplicaciones

- Bioinformática
- Cheminformatics
    - Relación cuantitativa estructura-actividad

- Marketing de bases de datos

- Reconocimiento de escritura

- Recuperación de información

  - Aprender a clasificar

- Extracción de información

- Reconocimiento de objetos en visión por ordenador

- Reconocimiento óptico de caracteres

- Detección de spam

- Reconocimiento de patrones

- Reconocimiento de voz

- El aprendizaje supervisado es un caso especial de causalidad descendente en los sistemas biológicos

- Clasificación del relieve mediante imágenes de satélite

- Clasificación del gasto en los procesos de contratación

Cuestiones generales

- Teoría del aprendizaje computacional

- Sesgo inductivo

- Sobreajuste (aprendizaje automático)

- Probabilidades (no calibradas) de pertenencia a una clase
- Aprendizaje no supervisado
- Espacios de versión

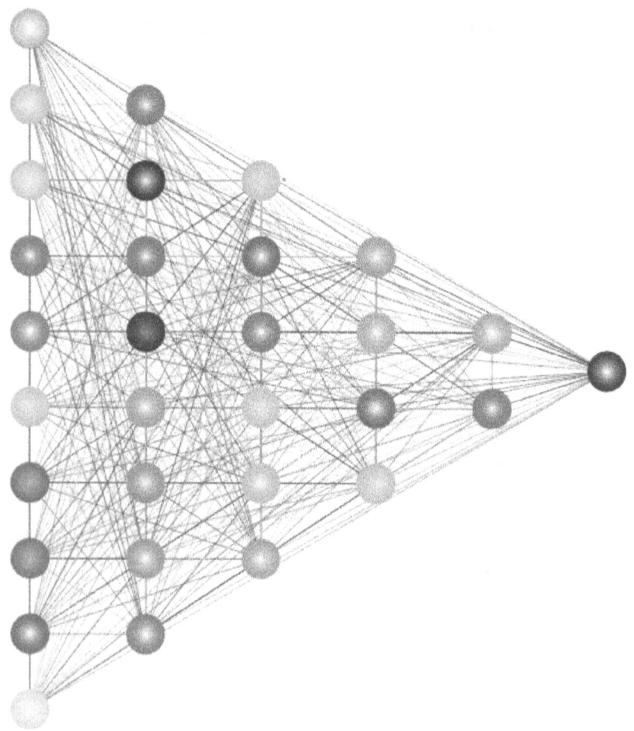

Reconocimiento automático del habla

El reconocimiento automático del habla a gran escala es el primer y más convincente caso de éxito del aprendizaje profundo. Las RNN LSTM pueden aprender tareas de "aprendizaje muy profundo" que implican intervalos de varios segundos que contienen eventos del habla separados por miles de pasos temporales discretos, donde un paso temporal corresponde a unos 10 ms. Los LSTM con puertas de olvido son competitivos con los reconocedores del habla tradicionales en determinadas tareas.

El éxito inicial en el reconocimiento del habla se basó en tareas de reconocimiento a pequeña escala basadas en TIMIT. El conjunto de datos contiene 630 hablantes de ocho dialectos principales del inglés estadounidense, en los que cada hablante lee 10 frases. Su pequeño tamaño permite probar muchas configuraciones. Y lo que es más importante, la tarea TIMIT se refiere al reconocimiento de secuencias telefónicas, que, a diferencia del reconocimiento de secuencias de palabras, permite modelos lingüísticos de bigramas telefónicos débiles. Esto permite analizar más fácilmente la fuerza de los aspectos de modelado acústico del reconocimiento del habla. Los porcentajes de error que se enumeran a continuación, incluidos estos primeros resultados y medidos como porcentajes de error telefónico (PER), se han resumido desde 1991.

El debut de las DNN para el reconocimiento de locutores a finales de los 90 y el reconocimiento del habla en torno a 2009-2011 y de las LSTM en torno a 2003-2007, aceleró el progreso en ocho áreas principales:

- Entrenamiento y descodificación acelerados de DNN
- Entrenamiento discriminativo de secuencias
- Procesamiento de características mediante modelos profundos con una sólida comprensión de los mecanismos subyacentes
- Adaptación de DNN y modelos profundos relacionados
- Aprendizaje multitarea y de transferencia mediante DNN y modelos profundos relacionados

- CNN y cómo diseñarlas para explotar mejor el conocimiento del habla
- RNN y sus variantes LSTM enriquecidas
- Otros tipos de modelos profundos, incluidos los modelos basados en tensor y los modelos generativos/discriminativos profundos integrados.

Todos los principales sistemas comerciales de reconocimiento de voz (por ejemplo, Microsoft Cortana, Xbox, Skype Translator, Amazon Alexa, Google Now, Apple Siri, la búsqueda por voz de Baidu e iFlyTek, y una serie de productos de voz de Nuance, etc.) se basan en el aprendizaje profundo.

Reconocimiento de imágenes

Un conjunto de datos de evaluación habitual para la clasificación de imágenes es la base de datos MNIST. MNIST se compone de dígitos manuscritos e incluye 60.000 ejemplos de entrenamiento y 10.000 ejemplos de prueba. Al igual que TIMIT, su reducido tamaño permite probar múltiples configuraciones. Existe una lista completa de los resultados obtenidos con este conjunto de datos.

El reconocimiento de imágenes basado en el aprendizaje profundo se ha convertido en "sobrehumano", produciendo resultados más precisos que los concursantes humanos. Esto ocurrió por primera vez en 2011 en el reconocimiento de señales de tráfico, y en 2014, con el reconocimiento de rostros humanos.

Los vehículos entrenados en aprendizaje profundo ahora interpretan vistas de cámaras de 360°. Otro ejemplo es Facial Dysmorphology Novel Analysis (FDNA) utilizado para analizar casos de malformación humana conectados a una gran base de datos de síndromes genéticos.

Tratamiento de las artes visuales

Estrechamente relacionado con los avances que se han logrado en el reconocimiento de imágenes está la creciente aplicación de técnicas de aprendizaje profundo a diversas tareas de artes visuales. Las DNN han demostrado ser capaces, por ejemplo, de

- identificar el período estilístico de un cuadro determinado
- Transferencia neuronal de estilo: captar el estilo de una obra de arte determinada y aplicarlo de forma

visualmente agradable a una fotografía o vídeo
arbitrarios.

- generar imágenes impactantes a partir de campos
de entrada visuales aleatorios.

Procesamiento del lenguaje natural

Las redes neuronales se han utilizado para implementar
modelos lingüísticos desde principios de la década de
2000. Las LSTM ayudaron a mejorar la traducción
automática y el modelado del lenguaje.

Otras técnicas clave en este campo son el muestreo
negativo y la incrustación de palabras. La incrustación de
palabras, como *word2vec*, puede considerarse una capa
de representación en una arquitectura de aprendizaje
profundo que transforma una palabra atómica en una
representación posicional de la palabra en relación con
otras palabras del conjunto de datos; la posición se
representa como un punto en un espacio vectorial. El uso
de la incrustación de palabras como capa de entrada de la
RNN permite a la red analizar frases y oraciones utilizando
una gramática vectorial composicional eficaz. Una
gramática vectorial composicional puede considerarse una

gramática probabilística libre de contexto (PCFG) implementada por una RNN. Los autocodificadores recursivos construidos sobre incrustaciones de palabras pueden evaluar la similitud de las frases y detectar paráfrasis. Las arquitecturas neuronales profundas ofrecen los mejores resultados para el análisis sintáctico de constituyentes, el análisis de sentimientos, la recuperación de información, la comprensión del lenguaje hablado, la traducción automática, la vinculación contextual de entidades, el reconocimiento del estilo de escritura y la clasificación de textos, entre otros.

Los últimos avances generalizan la incrustación de palabras a la incrustación de frases.

Google Translate (GT) utiliza una gran red de memoria a corto plazo (LSTM) de extremo a extremo. Google Neural Machine Translation (GNMT) utiliza un método de traducción automática basado en ejemplos en el que el sistema "aprende de millones de ejemplos". Traduce "frases enteras a la vez, en lugar de trozos". Google Translate admite más de cien idiomas. La red codifica la "semántica de la frase en lugar de limitarse a memorizar traducciones de frase a frase". GT utiliza el inglés como idioma intermedio entre la mayoría de los pares de idiomas.

Descubrimiento de fármacos y toxicología

Un gran porcentaje de candidatos a fármacos no consiguen la aprobación reglamentaria. Estos fracasos se deben a una eficacia insuficiente (efecto en el objetivo), interacciones no deseadas (efectos fuera del objetivo) o efectos tóxicos imprevistos. La investigación ha explorado el uso del aprendizaje profundo para predecir los objetivos biomoleculares, los efectos fuera del objetivo y los efectos tóxicos de las sustancias químicas ambientales en nutrientes, productos domésticos y fármacos.

AtomNet es un sistema de aprendizaje profundo para el diseño racional de fármacos basado en estructuras. AtomNet se utilizó para predecir nuevas biomoléculas candidatas a dianas de enfermedades como el virus del Ébola y la esclerosis múltiple.

En 2017 se utilizaron por primera vez redes neuronales gráficas para predecir diversas propiedades de moléculas en un gran conjunto de datos de toxicología. En 2019, se utilizaron redes neuronales generativas para producir
72

moléculas que se validaron experimentalmente hasta llegar a ratones.

Gestión de las relaciones con los clientes

Se ha utilizado el aprendizaje por refuerzo profundo para aproximar el valor de posibles acciones de marketing directo, definidas en términos de variables de RFM. Se ha demostrado que la función de valor estimada tiene una interpretación natural como valor de vida del cliente.

Sistemas de recomendación

Los sistemas de recomendación han utilizado el aprendizaje profundo para extraer características significativas para un modelo de factor latente para recomendaciones de música y revistas basadas en contenidos. Se ha aplicado el aprendizaje profundo multivista para aprender las preferencias de los usuarios de múltiples dominios. El modelo utiliza un enfoque híbrido colaborativo y basado en el contenido y mejora las recomendaciones en múltiples tareas.

Bioinformática

73

En bioinformática se utilizó una RNA autocodificadora para predecir las anotaciones de la ontología génica y las relaciones gen-función.

En informática médica, el aprendizaje profundo se utilizó para predecir la calidad del sueño a partir de datos de wearables y predicciones de complicaciones de salud a partir de datos de historiales médicos electrónicos.

Análisis de imágenes médicas

El aprendizaje profundo ha demostrado producir resultados competitivos en aplicaciones médicas como la clasificación de células cancerosas, la detección de lesiones, la segmentación de órganos y la mejora de imágenes. Las herramientas modernas de aprendizaje profundo demuestran la gran precisión en la detección de diversas enfermedades y la utilidad de su uso por parte de los especialistas para mejorar la eficiencia del diagnóstico.

Publicidad móvil

Encontrar la audiencia móvil adecuada para la publicidad móvil es siempre un reto, ya que deben tenerse en cuenta y analizarse muchos puntos de datos antes de poder crear un segmento objetivo y utilizarlo en la difusión de anuncios por cualquier servidor de anuncios. El aprendizaje profundo se ha utilizado para interpretar grandes conjuntos de datos publicitarios multidimensionales. Durante el ciclo solicitud/servicio/haga clic en la publicidad en Internet se recopilan muchos puntos de datos. Esta información puede constituir la base del aprendizaje automático para mejorar la selección de anuncios.

Restauración de imágenes

El aprendizaje profundo se ha aplicado con éxito a problemas inversos como la eliminación de ruido, la superresolución, el repintado y la coloración de películas. Estas aplicaciones incluyen métodos de aprendizaje como "Shrinkage Fields for Effective Image Restoration", que se entrena en un conjunto de datos de imágenes, y Deep Image Prior, que se entrena en la imagen que necesita restauración.

Detección del fraude financiero

El aprendizaje profundo se está aplicando con éxito a la detección del fraude financiero, la evasión fiscal y la lucha contra el blanqueo de capitales.

Militar

El Departamento de Defensa de Estados Unidos aplicó el aprendizaje profundo para entrenar robots en nuevas tareas a través de la observación.

Ecuaciones diferenciales parciales

Las redes neuronales informadas por la física se han utilizado para resolver ecuaciones diferenciales parciales en problemas tanto directos como inversos de una manera impulsada por los datos. Un ejemplo es la reconstrucción del flujo de fluidos regido por las ecuaciones de Navier-Stokes. El uso de redes neuronales informadas por la física no requiere la generación de mallas, a menudo costosa, en la que se basan los métodos CFD convencionales.

Reconstrucción de imágenes

La reconstrucción de imágenes es la reconstrucción de las imágenes subyacentes a partir de las mediciones relacionadas con la imagen. Varios trabajos demostraron el mejor y superior rendimiento de los métodos de aprendizaje profundo en comparación con los métodos analíticos para diversas aplicaciones, por ejemplo, imágenes espectrales e imágenes de ultrasonidos.

Reloj epigenético

Para más información, consulte Reloj epigenético.

Un reloj epigenético es una prueba bioquímica que puede utilizarse para medir la edad. Galkin et al. utilizaron redes neuronales profundas para entrenar un reloj epigenético del envejecimiento de una precisión sin precedentes utilizando >6.000 muestras de sangre. El reloj utiliza información de 1000 sitios CpG y predice personas con ciertas afecciones más viejas que los controles sanos: Ell, demencia frontotemporal, cáncer de ovario y obesidad. Está previsto que la empresa derivada de Insilico Medicine, Deep Longevity, ponga a disposición del público el reloj del envejecimiento en 2021.

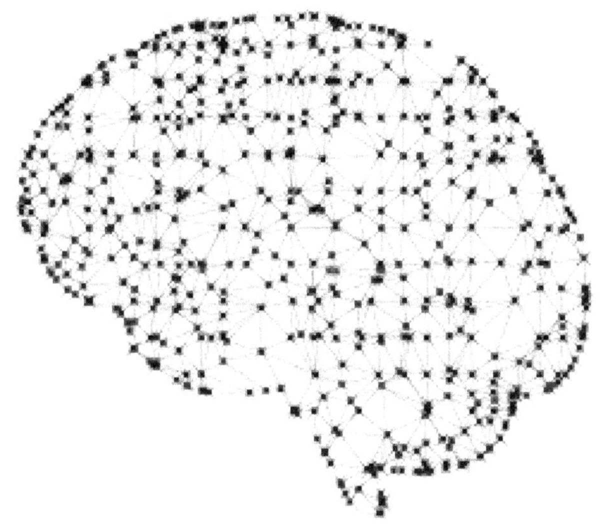

Relación con el desarrollo cognitivo y cerebral humano

El aprendizaje profundo está estrechamente relacionado con una clase de teorías del desarrollo cerebral (en concreto, el desarrollo neocortical) propuestas por neurocientíficos cognitivos a principios de los años noventa. Estas teorías del desarrollo fueron instanciadas en modelos computacionales, lo que las convierte en predecesoras de los sistemas de aprendizaje profundo. Estos modelos de desarrollo comparten la propiedad de que diversas dinámicas de aprendizaje propuestas en el cerebro (por ejemplo, una oleada de factor de crecimiento nervioso) apoyan la autoorganización de forma algo análoga a las redes neuronales utilizadas en los modelos de aprendizaje profundo. Al igual que el neocórtex, las redes neuronales emplean una jerarquía de filtros en capas en la que cada capa considera la información de una capa anterior (o del entorno operativo), y luego pasa su salida (y posiblemente la entrada original), a otras capas. Este proceso da lugar a una pila autoorganizada de transductores, bien adaptados a su entorno operativo. Una descripción de 1995 afirmaba: "...el cerebro del bebé parece organizarse bajo la influencia de ondas de los llamados factores tróficos... diferentes regiones del cerebro se conectan secuencialmente, con una capa de tejido madurando antes que otra y así sucesivamente hasta que todo el cerebro está maduro".

Se han utilizado diversos enfoques para investigar la verosimilitud de los modelos de aprendizaje profundo desde una perspectiva neurobiológica. Por un lado, se han propuesto diversas variantes del algoritmo de retropropagación para aumentar su realismo de procesamiento. Otros investigadores han argumentado que las formas no supervisadas de aprendizaje profundo, como las basadas en modelos generativos jerárquicos y redes de creencias profundas, pueden acercarse más a la realidad biológica. A este respecto, los modelos de redes neuronales generativas se han relacionado con pruebas neurobiológicas sobre el procesamiento basado en el muestreo en la corteza cerebral.

Aunque aún no se ha establecido una comparación sistemática entre la organización del cerebro humano y la codificación neuronal en las redes profundas, se ha informado de varias analogías. Por ejemplo, los cálculos realizados por las unidades de aprendizaje profundo podrían ser similares a los de las neuronas y poblaciones neuronales reales. Del mismo modo, las representaciones desarrolladas por los modelos de aprendizaje profundo son similares a las medidas en el sistema visual de los primates, tanto a nivel de unidad única como de población.

Actividad comercial

El laboratorio de inteligencia artificial de Facebook realiza tareas como etiquetar automáticamente las fotos subidas con los nombres de las personas que aparecen en ellas.

DeepMind Technologies, de Google, desarrolló un sistema capaz de aprender a jugar a videojuegos de Atari utilizando solo píxeles como entrada de datos. En 2015 demostraron su sistema AlphaGo, que aprendió el juego del Go lo suficientemente bien como para vencer a un jugador profesional de Go. Google Translate utiliza una red neuronal para traducir entre más de 100 idiomas.

En 2017 se lanzó Covariant.ai, que se centra en integrar el aprendizaje profundo en las fábricas.

A partir de 2008, los investigadores de la Universidad de Texas en Austin (UT) desarrollaron un marco de
81

aprendizaje automático llamado Training an Agent Manually via Evaluative Reinforcement, o TAMER, que proponía nuevos métodos para que los robots o programas informáticos aprendieran a realizar tareas interactuando con un instructor humano. Desarrollado por primera vez como TAMER, un nuevo algoritmo llamado Deep TAMER se introdujo posteriormente en 2018 durante una colaboración entre el Laboratorio de Investigación del Ejército de los Estados Unidos (ARL) e investigadores de la UT. Deep TAMER utilizó el aprendizaje profundo para proporcionar a un robot la capacidad de aprender nuevas tareas a través de la observación. Usando Deep TAMER, un robot aprendió una tarea con un entrenador humano, viendo transmisiones de video u observando a un humano realizar una tarea en persona. Más tarde, el robot practicó la tarea con la ayuda del entrenador, que le proporcionó comentarios como "buen trabajo" y "mal trabajo".

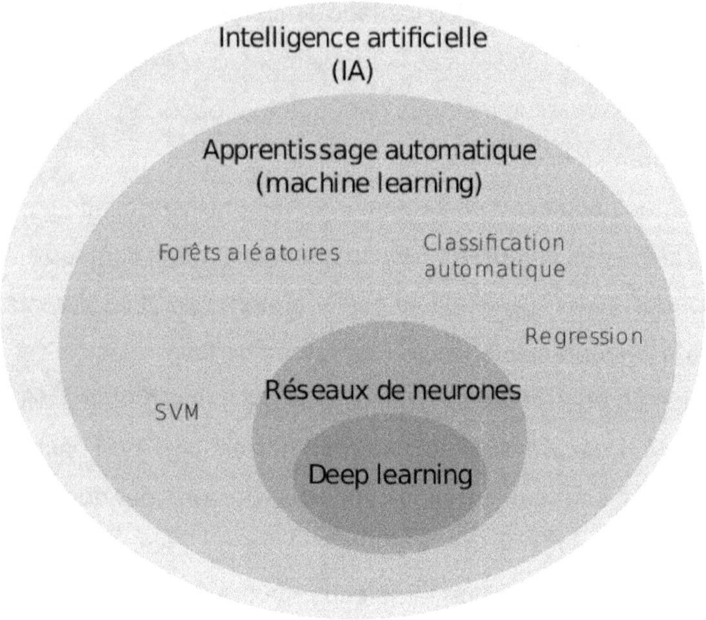

Intelligence artificielle
(IA)
Apprentissage automatique
(machine learning)
Forêts aléatoires
Classification
automatique
Regression
Réseaux de neurones
SVM
Deep learning

Deep Learning Críticas y comentarios

El aprendizaje profundo ha suscitado tanto críticas como comentarios, en algunos casos desde fuera del campo de la informática.

Teoría

Una de las principales críticas se refiere a la falta de teoría que rodea a algunos métodos. El aprendizaje en las arquitecturas profundas más comunes se implementa mediante el descenso gradiente bien entendido. Sin embargo, la teoría que rodea a otros algoritmos, como la divergencia contrastiva, está menos clara. (Por ejemplo, ¿converge? En caso afirmativo, ¿a qué velocidad? ¿A qué se aproxima?) Los métodos de aprendizaje profundo suelen verse como una caja negra, y la mayoría de las confirmaciones se hacen empíricamente, más que teóricamente.

Otros señalan que el aprendizaje profundo debe considerarse como un paso hacia la consecución de una IA fuerte, no como una solución global. A pesar de la potencia de los métodos de aprendizaje profundo, aún carecen de gran parte de la funcionalidad necesaria para hacer realidad este objetivo por completo. El psicólogo investigador Gary Marcus señaló:

"Siendo realistas, el aprendizaje profundo es sólo una parte del reto más amplio de construir máquinas inteligentes. Tales técnicas carecen de formas de representar relaciones causales (...) no tienen formas obvias de realizar inferencias lógicas, y también están todavía muy lejos de integrar el conocimiento abstracto, como la información sobre qué son los objetos, para qué sirven y cómo se utilizan normalmente. Los sistemas de inteligencia artificial más potentes, como Watson (...) utilizan técnicas como el aprendizaje profundo como un elemento más de un conjunto muy complicado de técnicas, que van desde la técnica estadística de la inferencia bayesiana hasta el razonamiento deductivo."

En una referencia más a la idea de que la sensibilidad artística podría ser inherente a niveles relativamente bajos de la jerarquía cognitiva, una serie publicada de representaciones gráficas de los estados internos de redes neuronales profundas (20-30 capas) que intentan discernir dentro de datos esencialmente aleatorios las

85

imágenes con las que fueron entrenadas demuestran un atractivo visual: la noticia original de la investigación recibió bastante más de 1.000 comentarios, y fue objeto de lo que durante un tiempo fue el artículo más consultado del sitio web *de The Guardian*.

Errores

Algunas arquitecturas de aprendizaje profundo muestran comportamientos problemáticos, como clasificar con confianza imágenes irreconocibles como pertenecientes a una categoría familiar de imágenes ordinarias (2014) y clasificar erróneamente perturbaciones minúsculas de imágenes correctamente clasificadas (2013). Goertzel planteó la hipótesis de que estos comportamientos se deben a limitaciones en sus representaciones internas y que estas limitaciones inhibirían la integración en arquitecturas heterogéneas de inteligencia general artificial (AGI) multicomponente. Estos problemas podrían abordarse mediante arquitecturas de aprendizaje profundo que formen internamente estados homólogos a las descomposiciones imagen-gramática de entidades y eventos observados. Aprender una gramática (visual o lingüística) a partir de datos de entrenamiento equivaldría a restringir el sistema al razonamiento de sentido común que opera sobre conceptos en términos de reglas de producción gramatical y es un objetivo básico tanto de la adquisición del lenguaje humano como de la inteligencia artificial (IA).

Ciberamenazas

A medida que el aprendizaje profundo pasa del laboratorio al mundo, la investigación y la experiencia demuestran que las redes neuronales artificiales son vulnerables a hackeos y engaños. Al identificar los patrones que estos sistemas utilizan para funcionar, los atacantes pueden modificar las entradas a las RNA de tal manera que la RNA encuentre una coincidencia que los observadores humanos no reconocerían. Por ejemplo, un atacante puede introducir cambios sutiles en una imagen para que la RNA encuentre una coincidencia aunque a un humano la imagen no se parezca en nada al objetivo de la búsqueda. Tal manipulación se denomina "ataque adversario".

En 2016, unos investigadores utilizaron una RNA para manipular imágenes por ensayo y error, identificar los puntos focales de otra y generar así imágenes que la engañaban. Las imágenes modificadas no parecían diferentes a los ojos humanos. Otro grupo demostró que las impresiones de imágenes manipuladas y fotografiadas con éxito engañaban a un sistema de clasificación de imágenes. Una defensa es la búsqueda inversa de imágenes, en la que una posible imagen falsa se envía a un sitio como TinEye, que puede encontrar otras instancias de la misma. Otro método consiste en buscar sólo partes de la imagen, para identificar las imágenes de las que se puede haber tomado esa parte.

Otro grupo demostró que ciertas gafas psicodélicas podían engañar a un sistema de reconocimiento facial haciéndole creer que personas normales eran famosos, lo que podría permitir a una persona hacerse pasar por otra. En 2017, unos investigadores añadieron pegatinas a señales de stop y provocaron que un RNA las clasificara erróneamente.

Sin embargo, las RNA pueden entrenarse aún más para detectar intentos de engaño, lo que podría llevar a atacantes y defensores a una carrera armamentística similar a la que ya define al sector de la defensa contra el malware. Las RNA han sido entrenadas para derrotar al software antimalware basado en RNA atacando repetidamente una defensa con malware que era alterado continuamente por un algoritmo genético hasta que engañaba al antimalware conservando su capacidad de dañar el objetivo.

En 2016, otro grupo demostró que ciertos sonidos podían hacer que el sistema de comandos de voz Google Now abriera una dirección web concreta, y planteó la hipótesis de que esto podría "servir de trampolín para otros ataques (por ejemplo, abrir una página web que aloje drive-by malware)."

En el "envenenamiento de datos", se introducen continuamente datos falsos en el conjunto de entrenamiento de un sistema de aprendizaje automático para impedir que alcance el dominio.

Dependencia del microtrabajo humano

La mayoría de los sistemas de aprendizaje profundo se basan en datos de entrenamiento y verificación generados o anotados por seres humanos. En la filosofía de los medios de comunicación se ha argumentado que no solo el trabajo de clic mal pagado (por ejemplo, en Amazon Mechanical Turk) se utiliza regularmente para este fin, sino también formas implícitas de microtrabajo humano que a menudo no se reconocen como tales. El filósofo Rainer Mühlhoff distingue cinco tipos de "captura maquínica" del microtrabajo humano para generar datos de formación: (1) gamificación (la incrustación de tareas de anotación o cálculo en el flujo de un juego), (2) "atrapar y rastrear" (p.ej. CAPTCHA para el reconocimiento de imágenes o el rastreo de clics en las páginas de resultados de Google), (3) explotación de motivaciones sociales (por ejemplo, etiquetar caras en Facebook para obtener imágenes faciales etiquetadas), (4) minería de información (por ejemplo, aprovechando dispositivos de cuantificación del yo como los rastreadores de actividad) y (5) trabajo de clics.

Mühlhoff argumenta que en la mayoría de las aplicaciones comerciales de usuario final del aprendizaje profundo, como el sistema de reconocimiento facial de Facebook, la necesidad de datos de entrenamiento no se detiene una vez que se entrena una RNA. Por el contrario, existe una demanda continua de datos de verificación generados por humanos para calibrar y actualizar constantemente la

RNA. Para ello, Facebook introdujo la función de que, una vez que un usuario es reconocido automáticamente en una imagen, recibe una notificación. El usuario puede elegir si quiere que se le etiquete públicamente en la imagen o decirle a Facebook que no es él quien aparece en ella. Esta interfaz de usuario es un mecanismo para generar "un flujo constante de datos de verificación" para seguir entrenando la red en tiempo real. Como sostiene Mühlhoff, la participación de usuarios humanos para generar datos de entrenamiento y verificación es tan típica en la mayoría de las aplicaciones comerciales de aprendizaje profundo para usuarios finales que estos sistemas pueden denominarse "inteligencia artificial asistida por humanos".

www.ingramcontent.com/pod-product-compliance
Lightning Source LLC
Chambersburg PA
CBHW051447150726
48000CB00005B/2282